LE PASTEL

APPRIS SEUL

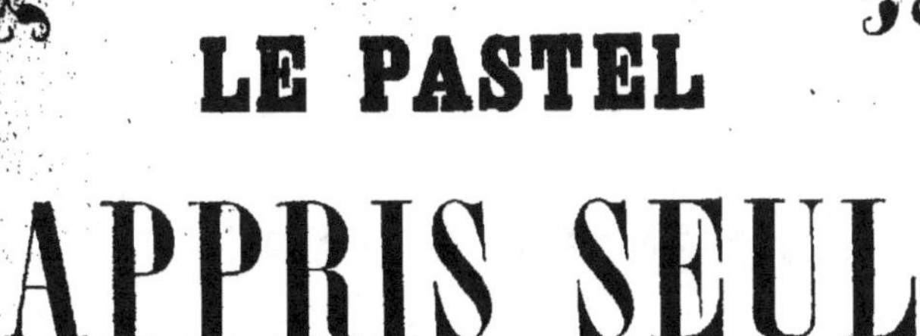

AVEC SEPT COULEURS

pour UN franc

OUVRAGE ORNÉ D'UN TABLEAU INDICATEUR

PAR

J. DE LA ROCHENOIRE

Peintre d'histoire, Membre de l'Association des Artistes peintres,
Rédacteur de la Revue des Beaux-Arts, etc.,

AUTEUR

du Dessin appris seul, du Paysage et de l'Ornement appris seul,
de l'Aquarelle apprise seul,

AVEC SEPT COULEURS.

Ce n'est pas du publicque, c'est du mien.
MICHEL DE MONTAIGNE.

A Paris

Chez { MARTINON, 14, rue de Grenelle St-Honoré, Libraire } Éditeurs
{ DURANDIN, 46, galerie Vivienne, Libraire }

1853

443.

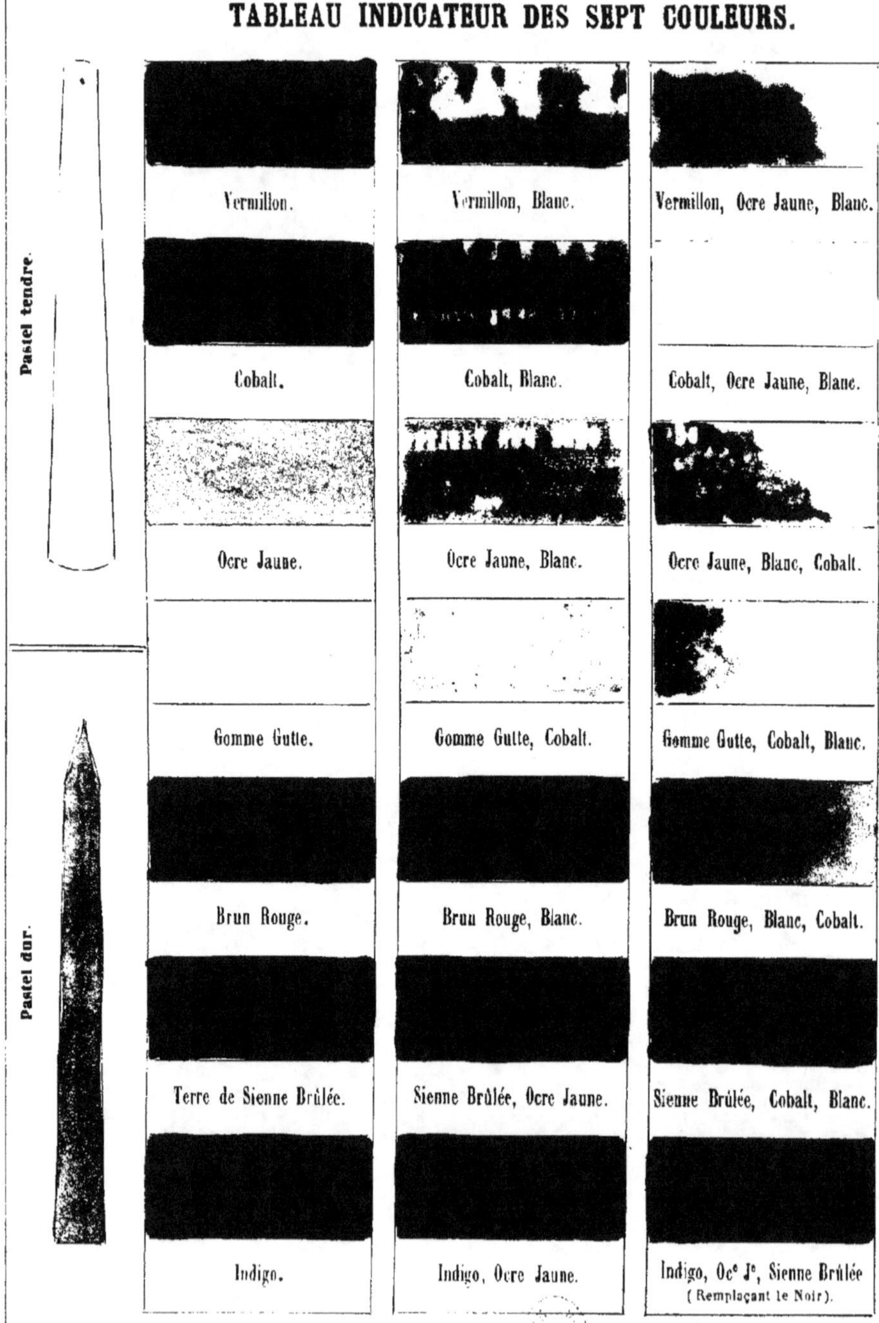

TABLEAU INDICATEUR DES SEPT COULEURS.

Pastel tendre.

Vermillon.
Vermillon, Blanc.
Vermillon, Ocre Jaune, Blanc.

Cobalt.
Cobalt, Blanc.
Cobalt, Ocre Jaune, Blanc.

Ocre Jaune.
Ocre Jaune, Blanc.
Ocre Jaune, Blanc, Cobalt.

Gomme Gutte.
Gomme Gutte, Cobalt.
Gomme Gutte, Cobalt, Blanc.

Pastel dur.

Brun Rouge.
Brun Rouge, Blanc.
Brun Rouge, Blanc, Cobalt.

Terre de Sienne Brûlée.
Sienne Brûlée, Ocre Jaune.
Sienne Brûlée, Cobalt, Blanc.

Indigo.
Indigo, Ocre Jaune.
Indigo, Oc⁰ J⁰, Sienne Brûlée
(Remplaçant le Noir).

J. de la Rochenoire, inv.

LE PASTEL
APPRIS SEUL

AVEC SEPT COULEURS

pour UN franc

OUVRAGE ORNÉ D'UN TABLEAU INDICATEUR

PAR

J. DE LA ROCHENOIRE

Peintre d'histoire, Membre de l'Association des Artistes peintres,
Rédacteur de la Revue des Beaux-Arts, etc.,

AUTEUR

du Dessin appris seul, du Paysage et de l'Ornement appris seul,
de l'Aquarelle apprise seul,

AVEC SEPT COULEURS.

Ce n'est pas du publicque, c'est du mien.
MICHEL DE MONTAIGNE.

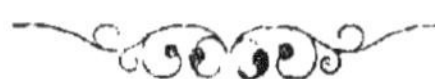

A Paris

Chez { MARTINON, 14, rue de Grenelle St-Honoré, Libraire } Éditeurs
{ DURANDIN, 46, galerie Vivienne, Libraire }

1853

TABLE DES CHAPITRES.

AVANT-PROPOS.

**Où l'auteur fait ses confidences
à ses lecteurs.**

Je n'aime point les préfaces, je vous l'ai dit, ami lecteur, et je crois être de votre goût : à quoi bon une préface, à moins qu'elle ne serve à l'intelligence de l'ouvrage, ou à demander au public, avec beaucoup de modestie, de l'indulgence pour son livre. J'ai trop de vanité pour cela, et je fais assez de cas de l'esprit de mes lecteurs pour supposer qu'ils n'achèteront pas mon ouvrage sur le bien que j'en dirai.

Si j'écris, je le fais le mieux que je puis, et

si je ne réussis pas, je n'ai point de grâce à demander au public, car les rayons de mes éditeurs m'apprendront mieux que personne le succès de mes livres. Tout bien considéré, je ne ferai même plus d'avant-propos, quoique le cas ne soit pas aussi grave que pour la préface.

Dans l'avant-propos, cependant, je cause avec mon lecteur, je l'initie à ma manière de penser, je lui fais mes confidences ; enfin, après avoir été un instant avec lui, je le crois de mes amis : je me désole des tendances et de l'affaissement de l'art actuel ; je me plains, et il s'associe à ma douleur, de voir un public, aveugle devant des tableaux peints avec verve et avec enthousiasme, préférer la manière et la routine à l'œuvre poétique ; préférer l'argent, ou si vous l'aimez mieux, l'œuvre matériel, au génie créateur, à l'homme vigoureux qui transforme l'art au lieu de se vautrer dans la fange de l'à peu près. Et voilà pourquoi la plupart des artistes, aptes à pouvoir interpréter les effets et la physionomie de la nature, se laissent entraîner par des succès éphémères, que j'appellerai succès de boutique, à un genre fade, faux et guindé, qui ne peut qu'entraîner à l'abâtardissement général de l'art. Chaque fois que vous faites une œuvre pour la vendre, elle est mauvaise, votre principal but étant de plaire à l'acheteur : et qu'a de commun votre pensée avec la sienne? puis, vous travaillez promptement pour recevoir de même ; et quelle est l'œuvre sérieuse qui n'a point été réfléchie, mûrie, illuminée dans votre esprit?… et si vous tombez sur un amateur dont le goût sera encore plus faux et la bourse plus légère?… Je vous en dirais bien plus long, mais déjà vous vous apercevez de cette plaie vivante, de cet argus sonnant qui garde la porte du temple sacré sur l'autel duquel tout artiste doit sacrifier, et dont la base est la misère et le dôme l'éternité.

Ce que l'artiste doit désirer, ce n'est point quelques malheureuses pièces d'argent pour une œuvre dont il rougira ; ce n'est point deux pieds carrés dont on lui fera l'aumône dans une exposition, s'il se conforme bien au goût de ceux qui seront dispensateurs de faveurs que la postérité seule décernera ; non, le vrai artiste, l'homme qui a le sentiment de son propre talent répugne à s'abaisser jusqu'à la prière, il souffre plutôt que d'essuyer les mépris outrageants du riche, il meure de faim dans son réduit ignoré, ou, si à la dernière extrémité il se décide à supplier, s'il peut triompher de ses dégoûts, s'il cherche à exciter la pitié des grands, il obtient par un faire abâtardi un secours qui le rappelle à la vie et il meurt pour le génie ! Le vrai artiste, lui, s'appellera Pierre-Paul Prud'hon, Greuze, Géricault ; il prendra en pitié les jugements de coterie, il ne travaillera que pour le musée de l'univers et pour l'immortalité.

Je ne savais que dire dans une préface et j'ai bavardé dans mon avant-propos; dans l'une j'eusse été pédant, dans l'autre je ne me trouve que malheureux : mais que me répondra le lecteur, l'ami que j'ai associé à mes pensées, quand je lui aurai conté mes peines, mes tribulations artistiques..... Il est facile de le deviner. — Vous vous trouvez malheureux de vivre dans un siècle qui raisonne sans cesse au point de vue utilitaire, qui ne veut de l'art que ce qu'il peut en saisir, qui rejette loin de lui toute œuvre supérieure par la raison bien simple qu'il ne peut la comprendre; instruisez-le, initiez-le aux mystères de l'art; tâchez que par une méthode facile, par des principes sûrs, il parvienne à saisir les beautés réelles de la nature; — c'est justement ce que je cherche à faire, mais promettez-moi votre appui, continuez, en achetant mes livres, à encourager par votre approbation une œuvre que je veux rendre complète.

Tout bien considéré, assez de pétition ou de préface; abordons franchement dans le chapitre suivant mon sujet, car je crois ne vous avoir point encore dit que nous allions nous occuper du pastel.

CHAPITRE PREMIER.

Du Pastel.

Le pastel est donc à peu près mort, — pourquoi? — A quelle cause attribuer ce délaissement d'un genre qui seul peut exprimer cette rougeur naïve répandue sur toute la physionomie de la jeune fille; cet abandon d'une peinture qui rend avec vérité ces impressions indéterminées, d'autant plus difficiles à bien comprendre, qu'elles sont à peine avouées et comprises par celles qui les éprouvent; car la fraîcheur de l'enfant, le velouté des fruits, toute la richesse des étoffes, ne sont-ils pas du domaine du pastel?... Qui peut donc nous avoir fait abandonner un genre si précieux? ce n'est sans doute pas le peu de durée de cette poussière éphémère que l'esprit dépose sur la toile, et qui ne doit pas concourir à la célébrité que chaque artiste envie pour son œuvre, puisque de nouveaux procédés permettent de la fixer. C'était une bonne raison jadis, quand tous les poètes sucrés de la régence comparaient, à qui mieux mieux, la fragilité de la beauté de la femme à cette poussière précieuse qui se détache aussi facilement de la toile que l'incarnat des joues de la fiancée; et cependant, humilions-nous, car lorsqu'aucune recette, aucun moyen, n'étaient inventés pour conserver les œuvres des maîtres, c'était à cette même époque que ce délicieux genre était à son apogée, c'était enfin le beau temps du pastel : les Chardin, les Boucher, les La Tour, les Rosalba, jetaient en parcelles neigeuses, toutes les charmantes divinités plus ou moins terrestres qui se font encore

admirer, dans ce vieux Louvre tout coquet
d'être si bien habité, avec leurs lèvres ver-
meilles bien bordées, leurs bouches entr'ou-
vertes et riantes, de belles dents blanches, une
poitrine découverte, large et brillante, de
belles joues colorées, un petit nez retroussé,
le regard tendre et velouté, des vrais portraits
du XVIIIe siècle, tout ce qu'enfin on peut réa-
liser au pastel. Dieu, en nous indiquant le
moyen de conserver, nous a-t-il retiré la puissance de produire?... On s'en douterait presque en voyant les œuvres des artistes modernes; ou bien la perfection des œuvres ancien-
nes serait-elle un épouvantail pour eux; ou
l'essence de l'esprit artistique serait-il en re-
pos pour, dans un laps de temps indéterminé,
reprendre une place qui lui appartient près
des anciens... Je crois que la faiblesse de l'é-
cole actuelle consiste surtout dans l'application d'un faux système théorique et pratique.

Le pastel, comme je crois vous l'avoir dit,

chers élèves, n'a qu'un but : la délicatesse, la grâce, la fraîcheur. Dès l'instant où vous voulez le rendre l'égal de la peinture à l'huile, vous le dénaturez, vous faussez l'application qui lui est propre ; si au lieu de rendre un sujet gracieux, pour lequel il a été inventé, vous l'assujettissez à des formes athlétiques, à des sujets terribles, encore une fois, vous faussez le but. Donc, point de milieu : pastel est synonyme de fraîcheur, jeunesse, idéal.

J'ai dû, et mon lecteur me le pardonnera, j'ai dû, sans doute, faire, en faveur de la simplicité qui doit régner dans toute œuvre d'art, une petite digression.

Le danger des mauvaises écoles est surtout fondé sur l'enthousiasme qu'excitent des ouvrages agréables, peut-être pour l'époque, mais pernicieux pour nos arrière-neveux ; méfiez-vous d'un homme de talent s'il est dans le faux, car l'homme de talent fonde souvent et même toujours malgré lui une mauvaise école. Prud'hon a formé Mlle Mayer, et le vulgaire au premier aspect s'y trompe; mais le connaisseur ne voit dans l'œuvre de l'élève qu'une pâle imitation du maître : que de peintres de nos jours se fourvoient en voulant imiter un de nos premiers coloristes.

Concluons de tout ceci que les Chardin, les La Tour, n'ont été si supérieurs que parce qu'ils n'ont assimilé le pastel qu'à des sujets qui étaient de sa nature; qu'ils ont eu pour principe, que la vérité idéale était plus particulièrement la base de ce genre, et que s'ils ne nous avaient représenté que désordre et confusion, qu'images terribles semant de toutes parts l'horreur et le sang, le pastel serait mort-né; ce qui nous eût évité les recherches nombreuses qui devront vous faciliter et vous rendre intime, chers élèves, l'étude d'un art aussi agréable que délicieux.

CHAPITRE II.

Rien de tout-à-fait nouveau.

Quand nous avons commencé ces livres,
nous ne nous proposions que de donner les
premiers principes de chaque genre; par
malheur, les menues questions tiennent de
près aux grosses, et nous nous trouverons
entraîné à compléter un ouvrage susceptible
par lui-même de grands développements;
ainsi, chaque brochure aura sa seconde partie, qui sera son complément. Peut-être en
trouvera-t-on la forme capricieuse?.... Qu'y
faire?.... Le mieux sera pour moi, je crois,
de paraître moins docte, et d'exposer avec

justesse ce que j'aurai pensé avec conviction.

Si j'avais été pressé de me faire lire, j'aurais tout simplement, à propos du pastel,
ouvert une méthode quelconque, comme quelques-uns l'ont fait, m'indiquant la composition chimique de chaque couleur, les matières
propres à ce genre de peinture, etc. ; je vous
aurais ouvert la page 28, chapitre II, et les
deux cents suivantes, d'un Traité de la Peinture au pastel, par M. P. R. de C. C., Paris,
1788 ; et, même sans fouiller si loin dans le
passé, vous auriez pu acheter quelque méthode moderne vous relatant tout ce qui
a été dit sur la composition de la dite peinture, mais qui en revanche se serait fort peu
étendue sur la manière de procéder.

Les livres qui se font vite durent peu, par
la raison toute simple, que pour écrire sur
des matières où la connaissance ne peut pro-
venir que de l'observation et la solidité que de

la méditation, il est bon de faire des études sérieuses, de ne jamais se trop presser. Voilà le motif qui me fait vous donner un petit livre utile et non pas un manuel de marchand de couleur, car je vois l'empirisme partout, les principes nulle part. Une chose encore et j'allais l'oublier... c'est de vous dire ce que c'est que le pastel.

Le pastel est un genre de peinture qui nous permet de représenter sur une toile, un papier, etc., au moyen de substances colorées broyées à l'eau pure et roulées en forme de crayons, tout ce qui existe dans la nature. Cette manière de peindre est d'une facilité particulière, en ce sens que le sentiment seul agit ; elle joint à cet avantage de ne répandre aucune odeur d'huile et de pouvoir être interrompue à volonté ; enfin, elle se présente toujours bien à l'œil, c'est-à-dire qu'elle n'a pas, comme la peinture à l'huile, le désagrément de miroiter. Voilà, si je ne me trompe, une définition assez succincte pour un *fantaisiste*. Je veux cependant, sans que vous me taxiez de partialité, vous énumérer ses autres qualités : elle doit être préférée pour les scènes gracieuses, pour les portraits de femmes et d'enfants, où l'on est souvent obligé d'interrompre les séances; et de plus, elle permet d'obtenir une carnation plus fraîche et enjouée. Aucune manière de peindre n'approche autant de la nature que celle-ci; car la composition de la peinture à l'huile ne lui permettra jamais de rivaliser, d'égaler le velouté que l'on obtient si facilement dans ce délicieux genre. Les tons en sont si vrais, si francs; les chairs si brillantes, et c'est la chair qu'il est difficile de rendre, c'est ce blanc onctueux égal sans être pâle, ce mélange de rouge et de bleu qui transpire insensiblement, ce sang, cette vie, qui font le désespoir du coloriste; ce sont tous ces avantages, dis-je, qui assureront au pastel sa supériorité. Outre cela, le procédé en est si prompt, que même pour esquisser un sujet vaste et compliqué, nul ne peut lui être comparé ; c'est le seul qui puisse rendre instantanément la pensée de l'artiste.

La peinture à l'huile a un inconvénient bien ennuyeux pour les femmes, c'est l'attirail qu'elle entraîne avec elle et la malpropreté qui lui est inhérente. Le pastel, au contraire, leur présente un moyen plus agréable, moins embarrassant et plus délicat, un résultat plus prompt, enfin une supériorité qui doit lu donner sur l'huile un avantage réel. Si nous avons quelques lectrices, car jusqu'à ce jour nous ne nous sommes adressé qu'à nos lecteurs, nous leur recommandons ce ravissant délassement ; il nous semble que la délicatesse de cet art doit être réservé au talent de la femme, puisque les femmes, en effet, dans la personne de la Rosalba, l'ont porté à son apogée : c'est un genre qui ne peut se sauver de l'abîme que par l'esprit et le charme.

Nous tâcherons, dans les chapitres suivants, en développant notre pensée de la compléter.

CHAPITRE III.

Des Ustensiles nécessaires.

J'ai passé jusqu'à présent sur toutes les formalités de méthode et cependant cet ouvrage était annoncé comme essentiellement pratique : mon but, avant tout, a été de faire un livre utile et non banal, d'amener mon élève à comprendre, avant de le mettre à l'œuvre, ce que je veux lui faire faire ; bref, de lui expliquer chaque chose aussi simplement que possible, de ne pas être un rhéteur, mais bien un ami avec lequel il désire s'instruire.

Le choix des outils est très-essentiel pour l'ouvrier, malgré le proverbe qui affirme :

qu'un bon ouvrier travaille bien avec tout.
Occupons-nous donc d'en avoir d'excellents ;
car je suis de l'avis de Franklin, quand il
parle de l'affection que nous portons aux
objets inanimés ; c'est, il est vrai, un égoïsme
qui rappelle un peu l'amitié que nous avons
pour un serviteur difficile à remplacer ;
mais dans l'intérêt de l'art conservons ce
défaut qui devient une qualité, et choisissons
avec soin le crayon, le papier, etc., que nous
allons employer.

Du Papier.

Le papier est ce qui mérite le plus notre
attention ; il doit être apte à supporter des
touches empâtées et à s'imbiber de cette
poudre que nous appelons pastel. Un papier
fort, plucheux, qui peut être poncé à volonté, me paraît préférable à tous les autres ;
surtout, méfiez-vous et n'employez jamais

ceux qui auront reçu une préparation de
pierre-ponce. Pour les études, tous les papiers
un peu solides, en leur retirant leur lisse,
peuvent être employés en les fixant sur une
toile de la manière suivante : on prend un
châssis ordinaire sur lequel on colle, au
moyen de farine, une toile légère sans préparation, en la repliant sur le châssis et la fixant
avec des pointes ; puis on mouille entièrement son papier bleu, blanc, on l'applique
sur ce châssis en le tendant avec précaution et on replie les bords en les collant. Vous
pouvez aussi, pour tendre votre papier, vous
servir du stirator, comme je vous l'expliquais
dans mon précédent ouvrage sur l'aquarelle.
Quant à sa couleur, je la laisse à votre
goût, c'est une affaire d'habitude, malgré
cela peut-être vous recommanderais-je le
bleu-gris.

Le parchemin tendu et l'épiderme enle-
vée avec une pierre-ponce, peut être em-

ployé et même est excellent à cause de sa
résistance sous le crayon ; le cuivre aussi,
les anciens s'en servaient, dépoli, mais
il altère promptement les couleurs ; en
dernier lieu et selon mon avis la peau bien
préparée est le meilleur moyen pour arriver
à peindre gras et bien empâter. Voilà à peu
près tout ce que nous pouvons vous dire sur
le papier ; un chevalet vous sera indispensable pour poser votre toile et un appuie-main
pour soutenir la main qui doit vous servir à
fondre vos couleurs.

Du Pastel.

Le nom de *pastel*, que l'on a donné à cette
peinture, vient de ce qu'on emploie des
crayons faits de différentes pâtes, ayant la
forme de petits rouleaux et qu'on nomme en
italien *pastello*. Leur nombre est très-grand,
et une couleur-mère, selon la volonté de

l'artiste, peut être dégradée à l'infini. La qualité des pastels est d'être bien broyés, afin que la pâte étant plus fine elle puisse s'attacher davantage au papier ; les crayons ne doivent être, étant secs, ni trop durs, ni trop mous, afin qu'ils résistent à la pression de la main ; la grande difficulté est d'en trouver francs de ton, surtout dans les bruns et les roux. Nous conseillons à notre élève de choisir avec soin, en se conformant à notre tableau indicateur, un assortiment complet, car la plupart des boîtes renferment souvent des tons complétement faux ; les pastels demi-durs peuvent encore être employés, mais les durs doivent être entièrement exclus.

Deux ou trois boîtes plates avec compartiments, remplis de son et placées sur une table près de l'élève, lui permettront de prendre et de remettre en travaillant les crayons qui lui seraient inutiles.

Ouf!... voilà mon chapitre pratique terminé, et je vous assure, cher lecteur, que
c'était une corvée pour moi ; je l'ai remplie
le mieux que j'ai pu, et je crois avoir réussi
à vous donner la liste exacte des ustensiles
nécessaires ; il ne vous manquera plus, avant
de vous mettre à l'ouvrage, que de lire le
prochain chapitre.

CHAPITRE IV.

Deux qualités essentielles à l'artiste : le sentiment et la volonté.

Nous avons, dans notre chapitre III du *Dessin appris seul*, recommandé à notre élève la pratique du dessin; nous devons le supposer maître des principes préliminaires et nous nous occuperons désormais de la manière de peindre : il pouvait alors se passer du sentiment, il lui devient maintenant indispensable, car chaque touche ne dépendra plus que de sa volonté. Pour être grand artiste, il ne faut pas seulement avoir l'incessant secours de l'habileté acquise, mais posséder la puissance de la conception; les œuvres d'art n'ont de supériorité qu'à la condition d'y dépenser cette flamme d'espoir et de foi qui anime et soutient, et qui n'est autre que le *sentiment* et la *volonté*.

Les artistes médiocres, au contraire, étant d'une faiblesse réelle, se rachètent par le mérite subalterne d'une exécution soignée; et qu'est-ce qu'une exécution soignée comparée au beau idéal ou à la vérité idéale? tout simplement: l'abbé Delille en parallèle avec Virgile... Dans le premier je trouve un luxe d'épithètes qui font de chaque ligne de véritables tableaux, mais qui l'éloignent de la grave sévérité, du sentiment et de la volonté du second. Virgile n'eût-il fait que ses Géorgiques, planerait dans les airs; Delille eût-il produit mille volumes, qu'il ne nous resterait qu'une poésie énervée.

Il en est de même de notre sculpture actuelle, avec nos statues de femmes mignardes et grêles; je cherche en vain la nature et je

ne vois que des femmes qui ont des épaules
qui ne remplissent pas le but pour lequel elles
ont été créées et qui soutiennent des mamelles
qui seraient à peine dignes de nourrir des
avortons ; des tailles si mesquines, auxquelles
sont attachés de si longs bras et de si lon-
gues jambes, qu'elles font l'effet, à s'y trom-
per, de corps de grenouilles ; des têtes si
vulgaires et un ensemble de formes si malheureux, que vraiment on ne douterait guère
que la Vénus de Milo, cette divine statue,
existât. Pourquoi cette absence de grandeur
dans l'ensemble de l'art moderne? ce goût
stupide qui fait préférer et suivre la route des
statues courtisanes de Canova, à cette splen-
dide Vénus que Dieu paraît nous avoir con-
servée pour que le beau, le grand, le vrai, ne
soit pas un vain mot. Voilà la clef de l'é-
nigme : il faut contenter la foule, le gros public, celui qui est dispensateur du génie,
l'homme qui a son coffre plein d'écus, et qui

dit : tu me plairas ! Alors, adieu à l'art élevé, à la sève que toute école doit posséder, à cette volonté, à ce sentiment inné chez tout artiste et qui ne doit jamais l'abandonner.

La première partie de l'éducation de mon élève (comme je vous l'ai déjà dit) doit être un temps de contrainte ; car quelque peu agréable que soit l'étude de la grammaire, il faut néanmoins s'y soumettre. Mais à peine vous serez-vous affranchi des études préliminaires, que votre pensée agira , que l'amour de l'art et la volonté de parvenir suppléeront à tous les maîtres du monde ; votre devise sera : *je parviendrai*, parce que votre sentiment deviendra l'esclave de votre volonté. En vous abandonnant ainsi à vous-même, il se pourra que vous exagériez vos forces ; mais l'essai que vous en ferez vous convaincra bien vite de vos défauts, et cette découverte seule sera déjà un progrès. Ne suivez même pas toujours aveuglément ma méthode, car croyant étudier, vous finiriez par vous endormir. Quand vous m'aurez lu, si vous avez trouvé dans mon petit livre quelque chose à butiner, gardez-le, puis, jetez-moi de côté, affranchissez-vous de mes conseils et habituez-vous à voir, à penser par vous-même. L'Académie, où l'on trouve à profusion tout ce qui est nécessaire pour l'étude, peut, par ce fait, entraver la liberté individuelle, peut anéantir ce sentiment, cette volonté sans laquelle vos œuvres seront toujours dénuées de cette force que l'on ne trouve qu'en soi.

Arrêtons-nous et n'attaquons pas cette docte assemblée; pardonnons-lui ses fautes en faveur des quelques grands hommes qu'elle n'a pas produits, mais qui sont morts dans son sein.

Je n'ignore pas le danger que je cours en proposant des idées totalement nouvelles; il eût sans doute été plus prudent pour moi d'amuser ou plutôt *d'abuser* votre esprit par une compilation qui eût été du goût de tout le monde, mais je ne procède pas comme Messieurs les médecins qui se décident difficilement à essayer la drogue avant de l'ordonner; j'ai intitulé ce chapitre : *sentiment* et *volonté*, et ma foi j'ai essayé le remède.

CHAPITRE V.

Mes idées sur la couleur. Tableau indicateur des sept couleurs.

Diderot, avec son jugement parfait en matière d'art, s'est étrangement trompé quand il affirme : « Que l'artiste qui, au bout d'un quart d'heure de travail, après avoir bien symétriquement arrangé ses teintes et ses demi-teintes autour de sa palette, n'a pas, dis-je, confondu tout cet ordre, est un peintre froid, qui ne fera rien qui vaille. » Oui, il se trompe ; car cet ordre, cette symétrie, doivent exister aussi longtemps que possible, et même jusqu'à ce que le morceau qu'on ébauche soit couvert avec des tons de la plus grande fraîcheur. Un de nos artistes actuels, et de plus un de nos agréables coloristes, est esclave de cette manière à ce point, qu'il change aussi souvent de palette qu'il a de différentes parties à peindre dans son tableau; c'est-à-dire que s'il a une tête à faire, il se gardera bien de se servir de la palette qu'il aura employée pour une draperie ou un accessoire. Cette remarque paraît à première vue inutile pour le pastel, elle est cependant indispensable, puisque votre palette, dans ce genre de peinture, sera l'objet sur lequel vous peindrez, votre toile même.

Nous ne nous occuperons dans ce premier livre que de la partie la plus difficile et la plus importante, je veux dire *de la chair;* car celui qui en aura le sentiment aura fait un grand pas, et le reste ne sera rien en comparaison. Bien des artistes sont morts sans avoir senti la chair, bien d'autres la cherchent journellement et beaucoup mourront sans la sentir.

En général, l'harmonie d'une tête, car pour mon élève je ne veux pas aller au delà, sera d'autant plus agréable qu'il aura été plus maître de sa touche, qu'il aura attaqué fièrement l'ombre et la lumière, qu'il aura moins remanié sa couleur, enfin qu'il l'aura employée plus simple et plus franche. Voilà le motif qui nous a déterminé à simplifier, comme nous l'avons fait pour l'aquarelle, et nous sommes *le seul*, cette innombrable quantité de tons ou de crayons qui existent dans la peinture au pastel, qui ne peuvent qu'embrouiller l'esprit de l'élève, et qui tous dépendent des sept couleurs-mères que nous indiquons dans notre tableau indicateur.

Ces sept couleurs principales sont : vermillon ou cinabre, cobalt, ocre jaune, brun-rouge, et indigo et gomme-gutte comme accessoires. Avec ces sept couleurs vous pouvez tout faire, et si, quand vous serez arrivé à être maître de votre talent, vous voulez en employer d'autres, vous en serez le maître, mais je ne vous le conseille pas ; Corrège servirait à appuyer mon opinion, car si j'en crois plusieurs auteurs, il n'en employait que quatre.

Nos couleurs trouvées, nous commencerons, comme vous le voyez dans le tableau indicateur, par les dégrader trois fois chacune, mais toujours en relation de ton avec leur couleur-mère. Prenons le vermillon et supposons que vous ayez besoin d'une valeur intermédiaire entre le deuxième et le troisième ton, vous choisissez un pastel dont la teinte sera plus faible que la seconde du tableau et plus forte que la troisième. C'est dans le but d'y comparer vos couleurs, que je vous ai donné ce tableau. Je vous le répète, la vérité d'imitation résulte plus encore de la parfaite valeur relative des teintes, que de leur fidélité matérielle et absolue, et je suis même convaincu que quatre couleurs sont suffisantes ;

que moins on en emploie, plus l'effet de ces couleurs est net, et qu'on peut en tirer toutes les combinaisons possibles. Voilà sur quoi je fonde mon opinion : deux couleurs mêlées ensemble ne conservent pas la même vivacité que chaque couleur séparément, le mélange de trois a moins d'éclat que celui de deux et ainsi de suite. Rubens ne consacre-t-il pas cette remarque en ne peignant la plupart du temps qu'avec des tons entiers. Revenons à notre tableau indicateur et à la relation des tons. Cette teinte qui sera en relation avec les deux autres, vous évitera le choix de faux crayons, résultat d'un mauvais mélange, et votre coloris y gagnera tellement, qu'avec ce principe de tons vos premières études auront une apparence de vérité que vous obtiendriez difficilement, livrés à vous-même et embarrassés dans cet amas de couleurs fausses que l'avidité du marchand, ou l'inexpérience d'un maître, vous feraient choisir.

Le noir et le blanc n'étant pas des couleurs, puisqu'elles n'existent pas dans la nature, nous ne nous en sommes pas préoccupé; nous avons, comme dans l'aquarelle, remplacé le noir par l'indigo, la sienne brûlée et l'ocre jaune, afin d'obtenir cette profondeur mystérieuse qu'on a la sotte habitude d'appeler noir, et qui serait tout au plus du brun, s'il était possible de lui assigner un nom. Dans le cas où ces messieurs ne pourraient vous vendre un semblable ton, composez-le vous-même, avec les trois couleurs que je vous indique, sur la vigueur que vous voudrez obtenir; car de même que plusieurs de nos artistes modernes, beaucoup de marchands sont très forts pour les noirs. Pourquoi ne vont-ils pas passer une heure devant le premier Titien, Véronèse venu, ou même devant n'importe quelle toile de notre célèbre coloriste actuel, ils seraient convaincus que cette couleur n'existe pas.

Après m'être laissé entraîner, tant je trouve la couleur une chose remplie d'attraits, à vous en démontrer les beautés, je dois, je vous l'avoue, chers élèves, me ralentir un peu de mon enthousiasme quand je la compare au dessin; et c'est pour cela que dans le prochain chapitre, avant de commencer à ébaucher notre tête au pastel, je serai obligé de vous apprendre à la dessiner.

CHAPITRE VI.

La première planche s'explique.

Reportons-nous au chapitre IX de notre premier volume, *le Dessin appris seul*, et supposons notre élève dessinant bien d'après la bosse; au lieu de la tête de Cicéron dont il se servait, nous prendrons le modèle vivant, une tête d'enfant par exemple, et cette tête nous servira pour préparer au fusin les masses de l'ensemble et l'amener à pouvoir être ébauchée au pastel. Pour ce qui concerne la manière de poser le modèle, le chevalet, etc., nous renvoyons à notre premier volume.

Avant de commencer le moindre trait sur votre papier considérez votre modèle attentivement, rendez-vous intime le caractère de la tête, cherchez à la bien sentir, c'est-à-dire, ne portez aucune scrupuleuse attention aux détails, mais cherchez l'ensemble général ; étudiez-la, comme je vous l'ai déjà dit, avec votre pensée au moyen de l'œil. Remarquez si le front est plus ou moins large, le nez gros ou petit, l'ensemble de l'angle facial rond ou carré, etc., enfin le caractère particulier de votre modèle ; ces observations sont sérieuses et je prie mon élève de s'y arrêter, car les qualités essentielles qui en dépendent leur manquent souvent, ainsi qu'à la plus grande partie des artistes, et cependant sans elles aucune œuvre d'art n'est durable.

La perfection, dans tous les genres qu'embrasse la peinture, depuis l'histoire jusqu'au modeste et aussi grand peintre de nature morte, dépend de cette faculté de saisir d'un coup d'œil le tout. Voici à l'appui de ce qui précède une petite histoire, c'est Joshua Reynolds qui raconte : « Je me rappelle un peintre-paysagiste de Rome—surnommé Studio, pour la patience avec laquelle il finissait ses ouvrages, il s'imaginait que c'était en cela que consistait la perfection de l'art; de manière qu'un jour il essaya de représenter une à une, d'une manière distincte, chaque feuille des arbres de son paysage... » Voilà maintenant l'opinion du célèbre peintre anglais sur cet artiste : « Je n'ai jamais vu ce tableau, mais je suis convaincu que celui qui ne cherche qu'à rendre le caractère général des espèces, la disposition des branches, la masse du feuillé, produira en peu de minutes une ressemblance plus parfaite des arbres qu'il voudra représenter, que ne pourra le faire en plusieurs années le peintre dont il est question.

Donc point de détails, indiquons les

grandes lignes qui entourent notre tête, sa grosseur, sa largeur, sans nous attacher à finir les parties internes ; contentons-nous de placer à peu près les yeux, le nez, la bouche, en accompagnant toujours ces parties de la forme externe ; bref, faisons un ensemble et cherchons premièrement que notre dessin ait la forme d'une tête, et surtout le caractère de celle que nous copions. Nos places bien justes, nous masserons chaque partie, comme nous l'avons fait pour la bosse, afin de nous assurer par l'exactitude des masses de la justesse de l'ensemble. Ne craignez pas d'effacer et de refaire jusqu'à ce que vous soyez satisfait, c'est par cette étude aride que vous arriverez à la perfection.

Votre étude bien arrêtée, bien en place, juste dans ses proportions, sera par vous, et par le moyen que je vais vous expliquer, reportée sur le papier que vous aurez préparé pour la peindre au pastel, car le fusin et les tâtonnements que vous serez obligé de faire en commençant, ne vous auraient plus permis d'appliquer le pastel sur ce même papier; plus tard, quand vous serez maître de votre dessin, que vous pourrez arriver juste sans le fatiguer, vous indiquerez légère-ment les contours, sur le papier même sur lequel vous peindrez, avec un pastel demi-dur d'une couleur chaude et claire analogue au brun rouge et blanc du tableau indicateur, car une couleur foncée, comme quelques auteurs l'indiquent, reparaîtrait toujours sous vos lumières; ne négligez ni la forme, ni le dessin de votre tête, et massez avec précaution les parties vigoureuses en ména-geant avec le plus grand soin les claires.

Comme il faudra que vous ayez acquis une grande habileté avant d'arriver à chercher votre dessin sur le papier sur lequel vous devez peindre, nous allons vous montrer le moyen de décalquer, comme nous venons de vous le dire, votre dessin au fusin sur le papier préparé : frottez-le entièrement avec de la sanguine tendre et moelleuse, ou avec un pastel du même ton, en sorte que le derrière de votre dessin en soit tout imprégné, puis fixez le haut du côté qui aura reçu la préparation, à l'aide de deux pains à cacheter, sur la nouvelle toile où vous voulez le reproduire; vous aurez soin de le placer sur la toile d'une manière convenable, surtout si votre tête, en la dessinant, avait été portée trop à droite ou à gauche; enfin, de la mettre pour obtenir le meilleur effet possible. Alors avec une grosse aiguille à coudre, ou tout autre objet dont vous aurez arrondi et poli la pointe, vous repasserez avec la plus grande justesse tous les traits de votre dessin, qui se trouveront de la sorte reportés sur la toile. Évitez surtout de poser les mains sur le papier, car cela occasionnerait des taches, et pour vous assurer si vous avez passé sur tous les traits vous soulèverez de temps en temps le bas du papier.

Votre dessin bien reporté, nous allons, chers élèves, dans le prochain chapitre, et à l'aide du *relief* et de la *mosaïque*, vous faire obtenir à la deuxième planche un résultat positif.

CHAPITRE VII.

Relief et Mosaïque.

Le trait dans la franche acception du mot est la représentation de notre tête, mais par le fait ne sera qu'une ligne qui renfermera un espace déterminé; il nous faudra, si je puis m'exprimer ainsi, un second trait de toutes les parties internes aussi juste que le premier, et c'est ce second trait que le relief nous fera obtenir, à l'aide de plans. Il restera une foule de formes que vous n'aurez pu saisir avec votre premier trait, telle que la saillie du nez. la profondeur de l'œil, et que seul le jet

de la lumière vous permettra d'apercevoir ;
et bien mieux, votre effet bien combiné, votre
dessin terminé, il ne vous restera même plus
de trait! La mosaïque me permettra, comme
application, de vous faire bien comprendre
l'étude de ces différentes parties de l'art.

La mosaïque, qui a servi à éterniser beaucoup de chefs-d'œuvre, se compose, comme
vous le savez tous, d'une quantité infinie de
petites pierres naturelles ou émaillées, formant toutes espèces et gradations de couleurs et de tons ; la palette du mosaïste est
semblable à celle du peintre, comme lui
il est obligé de choisir et de graduer chaque petit morceau de pierre avec tant d'habileté, qu'il faut qu'il obtienne, en les fixant
les uns à côté des autres sur un enduit, l'imitation, la forme et l'expression des nuances
les plus imperceptibles de l'objet qu'il copie,
et cela, remarquez-le, sans aucun secours
de brosse ; de sorte que vue à une certaine

distance, leur mosaïque doit faire tellement illusion que vous croyez voir le tableau original qu'ils ont reproduit. Je vous entends déjà en vous-même me dire, tout cela est connu depuis longtemps. — A la fin de ce chapitre, vous verrez que la patience et la réflexion peuvent servir à quelque chose.

Il est donc convenu, et vous êtes de mon avis, qu'on peut faire autant d'effet avec des petits morceaux de pierre séparés, qu'avec le secours de la peinture maniée par l'artiste le plus habile, quoique n'ayant d'autre moyen pour les fondre et les lier ensemble, que la grande justesse dans la relation des tons : que ne doit-on pas attendre alors du maniement des couleurs, en suivant simplement ce principe. C'est dans le prochain chapitre que j'indiquerai la ressource que nous donne ce procédé pour l'enseignement du pastel; je vous démontrerai que, s'il est possible de réussir si bien avec des petits morceaux sépaparés, à plus forte raison le travail sera beaucoup plus facile avec des crayons de toutes couleurs, qui vous donneront la possibilité de corriger ou d'atténuer les teintes qui seraient trop franches, et qui vous permettront, en les liant ensuite par un léger travail, d'arriver à la perfection. Maintenant, quelques considérations et nous terminerons.

Je ne vous ai pas encore enseigné la manière d'opérer, et vous la devinez...... Peut-être êtes-vous encore embarrassé? Vous me demandez, et vous avez bien raison, que tout en vous doutant de la manière de procéder, la base de la couleur vous effraie et que vous êtes bien près d'y renoncer ; que tout en portant une grande attention à la valeur relative du ton, il faut que vous commenciez par en poser un, puis deux, trois, etc., et que c'est justement ce premier qui est embarrassant à trouver ; voilà ma réponse : ce qui sera représenté sur votre toile sera-t-il la copie de la nature?.... Non, puisque cinquante artistes reproduisant la même tête feront cinquante têtes différentes. Donc, comme je vous l'ai déjà dit, vous *l'interpréterez* cette nature, et ne la copierez pas. Bien plus, chacun de ces différents artistes et vous-même, vous serez étonné de rendre la tête que vous voyez, non par un moyen dont vous serez maître, mais que vous inventerez ! Diderot, dans ces quelques lignes, vient appuyer mon opinion; je le laisse parler : « L'artiste qui prend de la couleur sur sa palette, ne sait pas toujours ce qu'elle produira sur son tableau ; en effet, à quoi compare-t-il cette couleur, cette teinte qui est sur sa palette ? A d'autres isolées, à des *couleurs primitives*. Il fait mieux : il la regarde où il l'a préparée et il la transporte d'*idée* dans l'endroit où elle doit être appliquée. » D'après toutes ces considérations, et avec l'appui d'un autorité semblable, j'ose affirmer avec la plus profonde conviction qu'il n'y a pas dans la nature de *couleur réelle*, que la couleur est relative à chaque individu.

Ainsi, lorsque vous ébaucherez au pastel la tête que vous venez de dessiner...... Mais, je m'arrête, car je m'aperçois que je n'aurai rien à vous dire dans le prochain chapitre, et que je ne vous avais promis dans celui-ci que *relief* et *mosaïque*.

CHAPITRE VIII.

Résultat obtenu à la deuxième planche.

Reprenons la phrase que la fin du précédent chapitre avait interrompue : ainsi, lorsque vous ébaucherez au pastel la tête que vous venez de dessiner, demandez-vous si vous la voyez rouge, verte, jaune, etc., et quand vous l'aurez considérée attentivement, que vous aurez *arrêté* dans votre tête la couleur que vous lui attribuez, classez vos tons sur le papier, comme dans la mosaïque. Surtout et avant toutes choses, « *n'employez jamais de tons roses dans lesquels il entre de la laque,* » mais bien des tons composés avec du vermillon.

Votre trait rectifié et bien dessiné, vous établirez vos masses lumineuses *par échantil-lon*, ainsi que vos principales ombres, afin de vous guider et vous éviter de charger votre toile de couleurs fausses que vous ne pourriez plus enlever. Cette méthode de préparer, par échantillon, une teinte ou une partie des chairs, sans charger le papier, a été appliquée par d'excellents artistes, tels que Latour et la Rosalba ; elle vous donnera une idée du relief et de l'effet général, elle vous laissera moins embarrassé de savoir où empâter vos lumières, et vous permettra de peindre avec sûreté votre tête.

Cette préparation terminée, nous commencerons, en prenant un pastel *brun-rouge*, à marquer l'indication de l'ombre du nez, une touche suffira à la partie la plus vigoureuse du sourcil, une même touche dans l'ombre de la bouche, projetée par les lèvres, et nous finirons en indiquant par de légères touches les ombres générales ; cette couleur un peu sanguine, outre qu'elle dessinera promptement la tête, lui donnera de la vie ; car, les ombres que l'on fait ordinairement froides et mates, doivent au contraire être ébauchées avec les tons les plus chauds. Continuons et procédons méthodiquement.

Votre tête bien indiquée, vous poserez, en l'empâtant fortement, ou, si vous comprenez mieux, en appuyant sur votre crayon-pastel et l'écrasant le plus que vous pourrez sur votre papier, vous poserez, dis-je, sur la grande lumière de la pommette ou joue, la teinte de chair qui vous servira de point de départ. Si vous peignez un teint un peu sanguin, vous choisirez un crayon dont le ton, composé de vermillon, de blanc et de jaune, se rapprochera le plus de la couleur du modèle ; si vous avez une tête pâle, vous dégraderez ce ton en choisissant un crayon qui soit un peu plus blanc et moins rouge, ainsi de chaque coloris; et cette valeur que vous aurez trouvée, choisie, *inventée*, sera le point de départ de votre couleur. Continuons : à côté de cette première teinte lumineuse posée sur la pommette et ne s'étendant pas au delà des limites de la forme, vous en poserez une seconde, plus rouge ou plus vigoureuse, qui entourera, en la dessinant, cette même forme; puis une troisième, qui sera aussi rouge que la partie la plus colorée de votre joue; comme le front est en général le centre lumineux de la tête, vous n'emploierez que les deux premières valeurs que je viens de vous indiquer. Revenons à notre joue : la troisième teinte rouge posée, vous la cernerez d'un léger ton gris bleuâtre qui vous servira de première demi-teinte, puis d'un second verdâtre-roussâtre qui vous permettra d'arriver à l'ombre sans heurter les valeurs, et enfin d'un ton roussâtre prononcé qui se fondra avec le brun-rouge que vous aurez précédemment placé. Le front s'entourera de demi-teintes beaucoup moins vigoureuses que celles des joues. Une fois arrivé aux ombres de ces dernières, vous placerez à côté de la plus vigoureuse, et vous savez que c'est celle qui avoisine la lumière, un ton un peu roussâtre prononcé, plus solide que celui que vous venez de placer du côté opposé, puis un second verdâtre-roussâtre avec lequel vous obtiendrez le clair obscur et qui dessinera, dans l'ombre, la forme de la mâchoire. La bouche s'ébauchera, la partie ombrée, d'un ton prononcé de vermillon et brun-rouge, la partie éclairée du même ton que le plus coloré de votre joue. La partie vigoureuse des yeux, celle qui se trouve sous le sourcil, s'ébauchera, suivant le degré de lumière qu'elle reçoit, avec les mêmes tons dont vous vous serez servi pour l'ombre et les demi-teintes de votre tête : la paupière inférieure se fondra avec la joue, et malgré qu'elle soit souvent dans la demi-teinte, elle conservera beaucoup de lumière et devra être presque aussi lumineuse que la partie la plus brillante de la figure, il sera toujours facile de lui donner du relief par de très légères vigueurs. On fera en sorte de ne pas faire le blanc de l'œil trop blanc, car les cils et la partie supérieure de la paupière l'ombragent toujours. L'élève évitera aussi de faire le point visuel trop grand ; et pour terminer, il ne devra jamais peindre dur ni cerner ce trait des yeux où les cils sont implantés, c'est à ce défaut surtout que l'on reconnaît les commençants et les mauvais tableaux. Reste les cheveux : je suppose qu'en ébauchant votre tête vous y avez pensé, et que pour balancer les vigueurs des joues vous aurez appliqué, sur la partie des cheveux qui se trouve dans l'ombre, un ton de même valeur, en vous conformant à la couleur du modèle, puis à côté de ce large ton d'ombre, une seconde teinte plus claire, pour arriver à une troisième, qui les reliera avec le fond afin qu'ils ne tranchent pas ensemble; vous ferez toutes ces opérations sans vous occuper des détails, mais bien de la forme.

Maintenant, éloignez-vous de votre tête, et quoiqu'elle ne soit qu'à l'état de mosaïque, dites-moi, ne vous représente-t-elle pas la nature!... Vous êtes effrayés, je le vois, chers élèves, des difficultés que ce travail paraît présenter, ne désespérez pas, il s'exécute plus promptement qu'on ne peut le décrire.

Avant de terminer notre tête, ce que nous obtiendrons bien facilement, je vais, dans le chapitre suivant, à l'aide des pastels qui sont au musée du Louvre, vous donner quelques notions qui nous sont indispensables.

CHAPITRE IX.

Examen critique des Pastels du Louvre.

Nous sommes au musée du Louvre, salle des Pastels ; nous allons nous instruire en y comparant les différents genres qui sont exposés à l'admiration du public.

En tête de ces heureux des temps passés, et par le nombre de ses productions, se place comme chef de l'école française, Maurice-Quentin de Latour. Comme il n'existe qu'un ancien catalogue, nous donnerons les anciens numéros où nous décrirons les portraits. L'œuvre principale de cet artiste et celle qui vient se placer en première ligne, est le portrait de

Mme la marquise de Pompadour. C'est le pastel le plus complet que nous ayons dans l'école française ; il réunit les qualités les plus précieuses et les plus difficiles à obtenir, vigueur dans l'ensemble sans lourdeur, idéalisme et réalité, et il n'y a vraiment qu'un seul artiste qui soit supérieur à Latour..., c'est la Rosalba : nous ne sommes même pas éloigné de croire que la charmante femme, n° 596, qu'elle présenta en 1721 pour sa réception à l'académie de peinture, n'ait eu une grande influence sur ce dernier.

Nous disions donc que ce portrait de Mme de Pompadour est du plus beau faire, c'est vrai ; c'est une œuvre forte, presque un chef-d'œuvre. Peut-on voir une plus grande harmonie d'ensemble, une plus fière liberté de touche dans la robe et les draperies, une attache de cou plus voluptueuse, et une tournure de tête plus piquante ? et le fond... Ah ! Messieurs les contemporains, allez donc étudier ce fond, le mystère qui règne dans ce délicieux boudoir de travail. Eh bien, malgré toutes ces qualités, malgré la beauté du tout, il manque à ce portrait ce que la Rosalba seule eût pu lui donner : la noblesse.

Avec tout ce brillant de *faire*, cette richesse de détails, cette suave et lumineuse couleur, ne vous semble-t-il pas que cette noble dame est un peu la grisette en falbalas que le guet ramasse par un beau soir d'été ; ne trouvez-vous pas que sa grâce n'est pas grandemen simple, mais modestement grivoise ; enfin, ne vous rappelle-t elle pas cette rouée et commune Dubarry...

Une femme comme Mme la marquise de Pompadour, celle qui encouragea les lettres et les arts en formant Voltaire, sans laquelle l'esprit français se serait éteint, avait une autre tournure que celle-là : une femme qui elle-même était artiste, peintre et surtout graveur, une femme qui secourait de sa bourse le poète malheureux, qui empêchait le peintre de mourir à l'hôpital, vous voulez que cette noble dame ait eu le genre que Latour lui a donné?... Non, il a peint la maîtresse de Louis XV et non le Mécène des arts.

Comparons maintenant ses autres œuvres à ce beau portrait, et nous verrons que s'il a été le premier avec ce chef-d'œuvre, il ne s'est pas soutenu au même rang avec ses autres productions.

Le premier qui se présente à nous est le numéro 104, « portrait du Dauphin, fils de Louis XV; » il est assez joli, et préférable aux autres, parce qu'il a de la fraîcheur et rappelle la jeunesse ; mais « dans un portrait d'homme sans numéro, » qui se trouve placé près de ce dernier, Latour manque tout à fait d'énergie ; le ton usé de cette peinture fait ressembler ce portrait à celui d'une vieille femme. Nous le retrouvons plus fort dans un autre portrait, que nous supposons être celui de « Marie Lecsinska, » elle est vieille, mais elle reste femme, et par conséquent du domaine du pastel ; la tête est belle, la pose gracieuse et les mains exquises ; le faire du costume large et brillant, et sa touche ?... Enfin, monsieur de Latour, si vous n'aviez peint que des femmes, la critique eût été fort embarrassée. Malheureusement pour vous, bien des portraits d'hommes, bien des maréchaux de France, bien des princes, nuiront à votre réputation ; et s'ils vous ont fait gagner beaucoup d'argent, ils vous rapporteront peu de gloire.

Pourquoi ces messieurs, que je vois jaunes comme des coings et rouges comme des homards, couleur du reste que vous avez parfaitement saisie, n'ont-ils pas préféré le pinceau de Rigauld ou de Largillière? ils n'avaient donc pas vu le portrait de leur charmante souveraine, ou celui du petit-fils « numéro 1055 » du roi qu'elle gouvernait, de ce char-

mant enfant dont vous avez si bien rendu la
finesse et la vie ; et puis alors, s'ils ne vous
eussent pas compris, vous auriez dû leur dire
franchement, à tous ces grands seigneurs,
que le pastel n'existait que pour les femmes.
Il est vrai, et c'est peut-être là votre excuse,
que, pour tenter une si noble assemblée, vous
avez peint un portrait de « jurisconsulte, »
dont je ne sais pas le nom, qui, sans la tête,
la perruque et les mains, est un charmant
tableau......

Au maître succède l'élève, à Latour, Per-
ronceau. Peut-être même a-t il surpassé son
maître dans un portrait « sans numéro » qui
me paraît être celui de « Laurent Cars, graveur, » et qui se trouve placé contre la porte
d'entrée : il y a de la vie et de la tournure
dans cette tête ; la pose est belle, et le faire
de l'habit et de l'ensemble sont bien compris.
Malheureusement, avec toutes ces qualités, je
vois, quand j'examine le coloris, plutôt la tête

d'une vieille que celle d'un homme mâle et vigoureux ; néanmoins, c'est un des meilleurs portraits d'homme au pastel qui soit au Louvre. Un second portrait du même, « sans numéro, » n'est pas comparable à celui-ci ; il a cherché l'huile et n'a réussi qu'à faire une tête jus de réglisse ; puis, n'ayant pu obtenir un ton aussi vigoureux pour l'habit que pour la tête, il nous reste un habit parfaitement peint au pastel, surmonté d'une affreuse tête qui paraît peinte à l'huile.

Arrivons promptement au Joseph Vivien, puisque nous sommes en train de descendre; beaucoup d'amateurs trouveront que c'est bien empâté, c'est vrai ;... mais n'était-il pas aussi facile de le faire à l'huile ? Ses draperies sont bien jetées, c'est encore vrai ;... mais, ce dont ils devront convenir, c'est que le numéro 1286, « portrait de Robert Cotte, architecte, » que l'artiste doit avoir fait avec toute sa liberté, puisqu'il n'était pas payé, est une œuvre toute matérielle, ayant plutôt couleur de brique que de chair, étant plutôt l'œuvre d'un ouvrier que d'un artiste, ayant l'apparence et non l'esprit de l'homme. Le numéro « 1283 » est un portrait lourd et pâteux qui ne se rachète que par le faire. Nous avons encore, dans le portrait « de Louis de France, » numéro 1056, du même artiste, même peinture à l'huile, même opacité, même couleur livide ; enfin, la plus grande partie des maréchaux qui ne sont pas de Latour sont de Vivien, et ma foi se valent, car ils sont tous de la main d'un faiseur, et manquent tous d'originalité. Le grand Lebrun, avec les quelques études qu'il a dans cette salle, peut donner la main à ces messieurs..... O grand peintre d'un grand roi, pourquoi as-tu inventé le *chic* en peinture ?

Lundlberg, peintre du roi de Suède, avec ses deux portraits, nous arrêtera dans notre pente ; nous remonterons ensuite par une autre échelle aux sommités de l'art, à cette divine Rosalba Carriera.

Le numéro 816, « portrait de Boucher, » a tous les défauts et les qualités de l'école; il est joli de pose et d'expression, rend bien l'homme des petits soupers, le courreur de ruelles, le peintre libertin, mais avec toutes ces qualités, il n'en a, excepté l'habit. aucune hors ligne ; les accessoires sont comme toujours peints au pastel, et la tête à l'huile. Le numéro 815, « portrait de Natoire, » est le pendant du précédent, en a les défauts et les qualités.

Quoique supérieure, Mme Guyard suit la route de ces artistes; c'est un des derniers peintres, excepté Prud'hon, qui ait fait du pastel. Si nous ne regardions que le numéro 1025 « portrait de Mme Victoire, fille de Louis XV, » nous ne nous y arrêterions pas, car, outre qu'il est sec et monotone, il n'est pas même peint. Un portrait de peintre, dont

je ne sais le nom, me paraît beaucoup mieux,
et, chose rare au pastel, même bien ; et
chose encore plus rare, l'habit, magnifique,
appartient à la tête ; aussi dois-je vous dire
que la tête, par sa finesse, prêtait beaucoup.
La tête du n° 1026 est jolie et fine d'expression. Celle de « Pajou, » n° 1027, est
sèche et dure. Le n° 1028, « portrait de Vin-
cent, peintre d'histoire, » n'est pas assez empâté et n'est que d'un bien faible dessin. Heu-
reusement que j'ai, madame Guyard, avant de
vous laisser, et pour éviter les reproches que
vous me feriez de ne pas vous avoir placée
au haut de l'autre échelle, des félicitations à
vous adresser ; car avec tous vos défauts de
mesquinerie, votre portrait « de femme »
sans numéro, est une jolie chose. Quoique
laide, la figure est agréable, et si vous aviez
pu éviter la sécheresse et la crudité, elle serait bien ; mais ce que j'admire sans restric-
tion, c'est la légèreté de la coiffure, le flou de

la collerette, l'aérien de la mousseline ; c'est cet ensemble charmant qui , quoiqu'elle soit vieille et laide, me représente encore la grâce de la femme. Allons, je suis encore heureux que sur le déclin de cette belle école française, ce soit une femme qui reçoive mes quelques louanges.

Remontons maintenant vers la belle époque du pastel, en commençant notre ascension par les artistes les plus rapprochés de la nôtre. Prud'hon, avec une excellente « tête de femme » ébauchée, se présente comme le plus rapproché de nous ; cette étude est d'un faire charmant, grassement et lumineusement modelée ; le pastel est bien appliqué , il n'y a pas de noir, et le ton est enfumé à ravir. Voilà un peintre qui avait du style, de la couleur, et quelque chose de plus.

Un portrait de Ducreux nous a paru fort joli et surtout bien éclairé ; malheureusement, c'est encore un portrait à l'huile. Le n° 1059,

par madame Le Brun, est joli de touche et
de couleur, rappelant le velouté et la fraîcheur de la pêche ; mais, que dis-je, c'est
je crois d'un portrait d'homme que je vais
parler?... Arrêtons-nous.

Vient maintenant Chardin, avec son portrait peint en 1775 : c'est vraiment un tour de
force de vérité. Mon élève remarquera qu'il
est préparé *en mosaïque*, avec des tons francs
et entiers, fondus dans l'ensemble à l'aide de
hachures, que l'ombre portée sur la figure par
l'abat-jour, est d'une excessive finesse de ton,
quoique vigoureuse ; enfin, que l'arrangement
est des plus simples et le fond exquis : Tout
cela est fort joli et fort bien fait, mais dans la
rigoureuse acception du mot, c'est plutôt un
dessin qu'un pastel, car ce n'est point assez
empâté. Son portrait « de vieille femme » me
paraît moins bien et manque d'ampleur. Sa
troisième toile, qui est encore « son portrait »
vu de trois quarts, est moins heureux que son

premier ; la construction de la tête n'est pas
aussi savante et les yeux ne sont pas bien en-
châssés ; bref, pour nous, son premier portrait est le résumé de son œuvre.

Il nous reste, avant de terminer ce chapitre déjà un peu long, à mentionner deux
gentils pastels de Boucher l'*invraisemblable*:
« La jeune fille à la lettre, » sans numéro,
est jolie d'expression, charmante de mine,
et surtout bien candide, quoiqu'avec la poitrine éveillée. Le n° 945, « jeune fille appuyée
sur une corbeille de fleurs », est une peinture
un peu plus sèche et inférieure à la précé-
dente ; enfin, Boucher n'est dans cette salle
que pour faire nombre , car il a fait beaucoup mieux que cela.

Pour en finir, passons en revue plusieurs
jolies petites toiles, « sans nom d'auteur : » entr'autres une petite tête entourée d'une collerette, vraie petite pomme d'apis, quoiqu'avec

un costume faux et mat ; un autre « portrait d'enfant » costumé d'une jaquette verte, se rachète aussi par une couleur agréable et beaucoup de flou : la tête, l'habit et le fond, forment un ensemble charmant ; enfin, une troisième, dans le même genre, est beaucoup trop fondue. Mettons-en à la porte quelques-uns, tels que le nº 1051, « portrait de Louis XV, » avec sa figure fade et son armure en carton ; un de Roslin, qui a dû en faire de meilleurs que celui-là ; le nº 1055, « portrait d'une dauphine de France, » que l'on pourrait à la rigueur garder pour le costume ; puis celui d'un Monsieur chargé d'un ruban bleu, qui me le fait prendre pour un prince, et que l'on pourrait faire voir parmi des figures de cire ; le nº 1058, « portrait du comte de Vergennes », qui pourrait aussi laisser enlever sa tête ; et nous aurons élagué ce qui nuit à l'ensemble de cette exposition. Nous terminerons cet examen en admirant, en étudiant à l'aise, les trois ou quatre chefs-d'œuvre que nous possédons.

Rosalba Carriera est de l'école vénitienne ; nous aurions voulu, si les renseignements nécessaires nous étaient parvenus, étudier cette femme, sa vie, ses écrits, car elle était poète. Nous aurions voulu faire revivre une artiste qui, à l'aide de légers crayons, a créé ce que les plus grands maîtres réussissent à peine à nous faire admirer : la beauté idéale réunie à la vérité. On ne pourrait le croire, si les chefs-d'œuvre qui sont au Louvre ne venaient l'affirmer, qu'avec une ocre grossière ou un blanc mat et terreux ; qu'au moyen de lourdes terres qui ne sont dans le fait qu'ombre et matière ; elle va, avec une magie étincelante, produire l'éclat du soleil ! Qu'à l'aide d'ombres savamment combinées, les carnations les plus fraîches sortiront de ses doigts ; et que, par de savantes opposi-tions, l'ombre sera encore de la lumière.

Son morceau de réception « nᵒ 596 » réunit toutes les qualités, et n'est pas encore, s'il nous est permis de juger un artiste aussi éminent, son chef-d'œuvre. Malgré cela, quand nous le comparons à madame de Pompadour, qui se trouve à côté comme pour le faire valoir, quel brillant dans les chairs, quelle douce et harmonieuse sympathie des étoffes avec le fond ; et ces cheveux cendrés, bruns, rouges, gris, de je ne sais quel ton, mais divins, supportant ces petites fleurs jetées négligemment et servant de signature à l'artiste ; que voulez-vous de plus, avec la noblesse réunie à tout cela. Maintenant, en laissant un peu l'idéal et nous arrêtant au procédé, en abandonnant l'art pour nous occuper du métier, a-t-on jamais empâté avec plus de franchise ; jamais des contours ont-ils été si bien noyés ; l'attache d'un cou à une tête a-t-elle été quelquefois rendue aussi moëlleusement ; enfin, la finesse et l'accord parfait avec lequel se perdent ces lumières et ces ombres, ont-ils jamais été égalés?... Je vous le dis, cette femme avait quelque chose de divin ?

Une « tête de femme » encore plus éblouissante, nous oblige, après ce que nous avons dit de la première, à nous taire. Nous nous sentons incapable de rendre, avec des mots, l'idéal de cette belle tête, la lumière dans laquelle elle se baigne, le blanc de sa carnation, la dégradation éblouissante de la valeur des cheveux à la blancheur du front, enfin, des lignes si exquises que c'est à vous désespérer ! Pourquoi, critique insensé, à toute cette perfection demandes-tu un peu plus de vérité, quelque chose de plus terrestre.... C'est pour vous, chers élèves, que je raisonne ainsi, c'est pour vous que je retiens mon enthousiasme : la Rosalba m'a montré une déesse, je veux encore y voir une femme.

Le n° 598 « excellente petite étude de

jeune fille, » vigoureuse sans être lourde, serait bonne à copier pour un élève ; une autre, qui est dans la manière de ce maître, pourrait aussi lui servir, c'est une « tête de femme à collerette, » sans numéro, un peu enfumée, mais dont le défaut fait la qualité. Il nous reste à mentionner celui qui paraît réunir toutes les perfections échues à cette divine Rosalba, le nᵒ 599 ! Vérité, noblesse, dessin, couleur, idéalisme, manière de faire, tout, tout, tout y est, c'est une œuvre complète ! Cette « jeune fille au singe » étalant sa beauté sans le savoir, possédant cette distinction inouïe de formes qui frise l'idéalisme en restant dans la vérité, cette suavité de tons, ces gris, ces verts qui se perdent, sans y penser, dans la profondeur de la peau et la font palpiter, jusqu'à ce petit monstre d'une hardiesse inconcevable sur cette éblouissante poitrine, repoussoir dont elle n'avait pas besoin pour être jolie, jusqu'à la petite main fluette, font de ce tableau un des chefs-d'œuvre du Louvre. Heureuse la charmante enfant qui a le bonheur de revivre sous les doigts de la divine artiste.

Il n'est pas bien de parler de soi, mais quand les quelques mots que l'on en dit sont à la gloire d'un autre, on doit vous le pardonner. Nous possédons deux pastels de la Rosalba, ceux qui nous ont inspiré ce chapitre : l'un est le « Printemps, » peinture charmante, mais un peu abîmée par le temps ; l'autre est « l'Hiver » et la plus belle chose, comme rêverie, que nous ayons jamais vue. Figurez-vous une jeune femme nous montrant une tête, mais une tête comme il n'y en a pas au Louvre, accompagnée d'épaules aussi suaves; un sourire profond dans les yeux , quelque chose de si attirant dans les coins de la bouche que vos lèvres vont malgré vous s'y attacher, un ovale de visage libertin et pudique , la chasteté et l'invitation d'une douce épaule, un je ne sais quoi de céleste et cependant d'humain, et vous vous ferez une idée du chef-d'œuvre que je possède ; chef-d'œuvre d'autant plus précieux pour moi, que chaque jour il me sourit, m'instruit ; que chaque jour je le caresse du regard , et que si, par hasard, chers élèves, il vous reste quelque chose de tout ce que j'écris, c'est lui qui me l'a inspiré.

Je m'arrête , au lieu d'un chapitre , je vous en ai donné quatre. Ne m'en voulez pas, les progrès qu'on obtient dans les arts viennent autant de la réflexion que de la pratique ; et si avant de terminer votre tête ébauchée, ce qui se fera promptement, vous la laissez reposer et que vous alliez faire un tour au Louvre, vous éprouverez à votre retour beaucoup moins de difficulté.

Comme ce chapitre, entre vous et moi, n'a pas *à première vue* beaucoup de rapport avec une méthode, et que l'on pourrait croire que

j'empiète un peu sur le domaine de la critique, promettez-moi, quoique le titre de mon
livre m'en mette à l'abri, de ne divulguer à
quiconque ce crime de lèse-critique.

———

CHAPITRE X.

A la troisième planche, réussite complète.

Au surplus, lecteur, tout long et obscur que soit mon dernier chapitre, si seulement vous en avez compris quelque chose, c'est comme si vous l'aviez compris en entier ; et les quelques tableaux au pastel que nous venons d'étudier ensemble, seront pour vous la meilleure leçon que vous puissiez prendre du meilleur des maîtres.

Votre tête est restée ébauchée par teintes franches posées les unes à côté des autres, mais tellement justes de ton et si bien dégradées, qu'elles rendent, à une certaine distance, la nature ; il ne manque plus à cette *préparation-mosaïque*, pour séduire l'œil et pour faire disparaître cette espèce de marqueterie, qu'un peu de fonte et de liaison entre toutes ces diverses teintes. Le moyen d'y parvenir est bien simple et le voici : le bout de l'annulaire, car c'est le doigt qui, par ses rapports physiques avec le cœur, a le plus de sensibilité, vous servira d'estompe et vous permettra, en y mettant beaucoup de légèreté, de fondre les tons les uns dans les autres, de les marier ensemble ; surtout n'en abusez pas et ne les fatiguez pas, faites *flou* et non mou. Vous le dirai-je, chers élèves, je préférerais même, dans les commencements, vous voir simplement masser avec vigueur vos premières études, et leur conserver en terminant un peu de rudesse. Vous tâcherez, tout en noyant vos contours, de ne pas perdre la forme ; vous ferez en sorte d'empâter assez solidement votre pastel, afin d'éviter d'en remettre en terminant, ce qui vous entraînerait à faire mou et faux de ton ; car j'affirmerai, contre l'opinion de quelques auteurs modernes , qu'il est beaucoup plus facile d'alourdir un ton léger, que de donner de la légèreté à un ton lourd.

Quant aux estompes en peau , aux tortillons en papier, etc., etc., je n'ose vous en parler, et si je le fais, ce n'est que dans la crainte que vous me taxiez d'oubli. Je dis donc que ce sont toutes choses abominables et que vous devez à tout jamais les bannir de votre atelier. Les yeux même , qui paraissent bien petits, doivent être modelés à l'aide du doigt, vous aurez seulement soin de ne pas en abandonner le dessin. Quand votre tête sera à peu près modelée et que vous l'aurez entourée d'un fond composé de tons vagues et vaporeux, vous pourrez, à l'aide de pastels bruns, rouges ou brunâtres , lui donner de petites touches vigoureuses où elles seront nécessaires ; ainsi pour le brillant des cheveux, à l'aide d'autres crayons plus lumineux.

Voilà, si je ne me trompe, votre tête bien terminée ; dans le second volume du pastel, nous nous occuperons des draperies et de la manière de les traiter ; de la pose, de l'expression, etc., ce qui complètera notre traité pratique. Il ne nous reste plus qu'à vous dire ce que nous savons sur la fabrication du pastel, c'est ce que nous ferons dans le chapitre suivant.

CHAPITRE XI.

**Ce que j'aurais pu dire sur la fabrication
du Pastel, sur la manière de le fixer,
et autres balivernes semblables.**

Mon précédent chapitre est écrit depuis deux
jours, je viens de le relire, et je me demande
si c'est bien la peine que je recopie une ving-
taine de pages, d'auteurs qui se sont tous co-
piés, pour vous renseigner sur son titre.

Après mûre réflexion, pour épargner votre
temps et éviter que vous ne me preniez en
grippe, je vais tout bonnement, chers élèves,
vous donner la liste, avec promesse de votre

part de ne jamais les lire, des ouvrages que vous pourrez consulter.

De l'optique des couleurs par le Père Cassel. 1740.

Traité de peinture et de la compositiou des couleurs, par C. de Moussel. 1812.

Composition des couleurs fines. 1765.

Le Vernisseur parfait. Joubert.

Traité de la Peinture au Pastel, du secret d'en composer les crayons, les moyens de le fixer, etc., par R. de C. C. Paris, 1788.

Secret pour *fixer* le Pastel, inventé par Loriot, et publié par l'Académie. Renou. Paris. 1780.

Manuel par Bouvier. 1844.

C. L. Leuchs.

Perraut, etc., etc.

et les quelques modernes qui ont copié les anciens, et dont nous ne parlerons pas.

Que si vous me demandiez mon avis, et la raison pour laquelle je n'ai pas fait comme les autres, je vous répondrais, avec la plus parfaite bonhomie, que je ne parle jamais de ce qui m'est inconnu, et que, si je cause quelquefois peinture, je n'aborde jamais la chimie. Quant au vernis dont je vous conseillerai l'usage, c'est de mettre tout simplement votre pastel sous verre, en ayant soin toutefois de faire porter le verre sur quatre bouchons, afin qu'il ne touche pas le pastel ; puis, de bien le clore par derrière pour lui éviter la poussière ; voilà à mon avis le meilleur moyen, en évitant toutefois le soleil et l'humidité, car le pastel n'est pas fait pour être fixé.

Avant de terminer ce petit livre et de vous laisser, chers élèves, je vous demanderai les deux ou trois dernières lignes du livre, celles qu'on ne lit pas, pour servir mon intérêt personnel et défendre mon opinion. Puis, comme je ne sais plus quel roi disait à je ne sais quelle bataille, je vous dirai, en changeant quelque peu la phrase : Qui m'aime m'achète.

CHAPITRE XII.

Où l'auteur se prend de querelle avec un professeur.

Je suis obligé de remettre au livre suivant, *de la peinture à l'huile*, l'insertion de ce chapitre. Après bien des recherches, je n'ai pu retrouver le chiffon de papier sur lequel il était écrit, et ma foi, je ne sais lequel, du professeur ou de moi, y perdra. Cependant, après avoir bien réfléchi, après avoir bien pesé le pour et le contre, je crois qu'il sera plus heureux de cette perte que moi, et en voici la raison : ce bout de papier, j'en ai la conviction, m'a été dérobé; et la personne qui a commis ce rapt, je viens de l'apprendre.... C'est ma vieille servante ! Vous ne voyez pas jusqu'à présent où je veux en venir ; vous ne voyez pas que ce larcin est tout à ma gloire ; vous n'en comprenez pas la raison ? Eh bien ! écoutez : cette estimable personne à laquelle, pour me conformer à tous les grands hommes, je lis mes articles beaux-arts, afin de juger de l'impression qu'ils produisent sur le public, a son neveu qu'elle aime, qu'elle protége et qui est professeur de dessin !.... D'où je conclus que mon article, n'étant pas en faveur de l'avenir de son parent, elle l'a détruit, elle l'a anéanti pour toujours !!!

Et c'est ce qui m'oblige aujourd'hni, cher lecteur, à te demander humblement ton indulgence, et pour mon chapitre perdu et pour mon traité du pastel.

J. DE LA ROCHENOIRE.

Paris, 27 Juillet 1853.

Imprimerie et Lithographie de Maulde et Renou, rue de Rivoli, 114.